◉子どもたちは料理作りが大好き。
そして料理作りほど創造力をかりたてるものはありません。
またできあがって「おいしい！」と食べてもらったときの満足感は
何にも勝るもの。それが食べ物を大切にする心にもつながっていきます。
さらに人への思いやり、生きる意味へと世界が広がる手だてとなります。
毎日食べている給食の料理を
作ることによって、子どもたちに
料理作りの楽しさを発見してほしいと
思います。

第1集

タローと作る給食レシピ12ヵ月

関はる子

全 国 学 校 給 食 協 会

タローと作る給食レシピ

もくじ

1月	朝鮮風雑煮	5
2月	大豆とジャコのあまからあげ	9
3月	手巻きずしバリエーション	13
4月	新じゃがのそぼろに	17
5月	中華風ちまき	21
6月	豚キムチ丼	25
7月	五目冷やしうどん	29
8月	ゼリー	33
9月	月見だんご	37
10月	アップルパイ	41
11月	さつまいもご飯	45
12月	タンドリーチキン	49

はるちゃん日記

1月	お正月の朝	8
2月	節分の夜	12
3月	大切なおひな様	16
4月	1人のお花見	20
5月	恐怖のサイクリング	24
6月	お兄ちゃんの遠足の日	28
7月	海のそばの町で	32
8月	見られなかった花火	36
9月	台風の夜	40
10月	赤いゴムまり	44
11月	涙のロールキャベツ	48
12月	フロシキに包まれたプレゼント	52

まもってね。

料理を作るときのやくそく

みじたくをしよう

← かみの毛をおおいましょう
← エプロンをしましょう

◎料理に、ほこりやかみの毛をつけないために。また、ふくもよごさないために。

手をきれいにあらおう

◎石けんで、指の間もよくあらい、よくすすぎましょう。

ほうちょうを使うときは気をつけよう！

◎切るときは、指をまげる（ねこの手）
◎人に包丁のはをむけない

火を使ったらそばをはなれない

◎やけどに注意！

ともだちなど大ぜいの人と料理をするときは、ぜったいに **ふざけない！**

そして

後かたづけまできれいにしましょう。

子どもといっしょに…
タローと作る給食レシピ　1月

朝鮮風雑煮（ちょうせんふうぞうに）

ひとくちおたより

朝鮮半島の料理（ちょうせんはんとうりょうり）

　今日の給食の朝鮮風雑煮は、朝鮮半島の料理をヒントにして作りました。日本のおとなりの国、北朝鮮と韓国のある朝鮮半島の料理は、日本では焼き肉屋さんの料理としておなじみですね。焼き肉屋さんのメニューを見ると、いろいろな料理名がならんでいます。その中からいくつか同じ言葉がついているものがあります。

　まず代表的なごはん料理に「ビビンバ」というものがあります。ビビンバの「バ」は本当は「パ」と言って、「ごはん」のことです。「ビビン」はまぜ合わせるという意味です。だからビビンパは具とごはんとをまぜ合わせるという意味です。「ユッケ」というのは生の肉のことです。ユッケという言葉のついた料理には、生の肉が使ってあります。「キムチ」はみなさんもよく知っているつけものです。みなさんも今度焼き肉屋さんに行ったら、メニューをよく見てみると、おもしろいですよ。

　北朝鮮の正式な国名は「朝鮮民主主義人民共和国」です。
　韓国の正式な国名は「大韓民国」です。どちらも日本のおとなりの国ですよ。

メニューをよく見るとおもしろいね。

ビビンパ．
イック．ユッケ
カルビ．
キムチ

子どもといっしょに…
タローと作る給食レシピ　1月

焼き肉屋さんのメニュー、「トック」をヒントに給食風にアレンジした料理です。シコシコツルツルの歯ざわりがたまらないおだんごをはじめ、野菜、卵が入った栄養満点の料理は、朝ご飯や、昼ご飯にもピッタリ。

きゅうしょくクラブ

朝鮮風雑煮

材料（4人分）

白玉粉	60g	ねぎ	1本
小麦粉	60g	こまつな（または	1/4束
水	60〜70cc	チンゲンサイ）	
だしじる	4カップ	卵	2こ
	(800cc)	塩	小さじ1
干ししいたけ	2まい	しょうゆ	小さじ1
とり肉	100g	酒	少々
にんじん	1/3本	ごま油	少々
はくさい	2まい		

※だしじるは和風ですが、ガラスープで中華風にしてもおいしい。
※とり肉はぶた肉にかえてもよいです。
※野菜はあるものを何でも利用しましょう。

焼肉屋さんのメニューには「トック」の名前でのっています。

作り方

先に用意しておくこと

※干ししいたけをぬるま湯でもどす。急ぐときは、さとうを少し入れると早くもどります。もっと急ぐときは電子レンジで。

ぬるま湯

① 白玉粉と小麦粉をあわせ、水を少しずつ入れてよくこねる。
耳たぶぐらいのかたさにする。

これくらいかな？

水を入れすぎると、粉がベタベタになって、丸めにくい。一度に入れないで少しずつ。少なすぎるとヒビわれてしまう。

② まな板にかたくり粉をふって、①でこねた粉をぼうのように長くのばす。

ふきんを水でぬらしてしぼり、のばした②の上にかけておく。

③ 野菜の切り方

しいたけ
横半分に切り、それを細く切る。

にんじん
たて半分に切り、それをまた半分に切りはしからうすく切る（いちょう切り）。

はくさい
たてに何等分かに切り、はしからザクザク切る。小松菜（またはチンゲンサイ）も同じ。手でちぎってもよい。

ねぎ
はしから１cmぐらいに切る（小口切り）。

④ なべにだしじるを入れて、肉、しいたけ、にんじんを入れる。にんじんがやわらかくなるまで、にる。

⑤ にんじんがやわらかくなったら、②でのばしておいたおだんごをはしから１cm～１.５cmぐらいに切って入れる（一口ぐらいの大きさにちぎって丸めてもOK）。はくさいも入れる。

⑥ おだんごがうき上がってきたら、塩、しょうゆ、酒で味つけをする。

⑦ 卵を流し入れて、仕上げにゆでて一口大に切った小松菜を入れる（チンゲンサイのときははくさいといっしょに入れる）。ごま油を３、４てきたらしてできあがり。

7

1月 お正月の朝

はるちゃん日記

「おじいちゃん、おもちいくつ？」元日の朝、家族みんなにお雑煮で食べるおもちの数を聞いて回るのは、はるちゃんの役目。みんなのおもちの数を聞いて、台所でおせち料理を取り分けているお母さんにほう告します。でも小さなはるちゃんは、それぞれの数を覚えきれなくて「アレッ、お父ちゃんはいくつだったっけ？」忘れてしまいます。そしてまた聞きに行きます。「お父ちゃん、おもちいくつ食べる？」何回聞きに行っても、だれも「しようがない子だな、何回言わせるんだ！」なんておこりません。元日の朝は、みんなおだやかでニコニコしています。朝だけでなく、お正月中は、静かでとても空気がゆっくり流れて、のんびりした気分です。

練炭火ばちの上に網をのせ、おもちを焼くのはお兄ちゃんの仕事。はるちゃんもひっくり返す時少し手伝います。「はるちゃん、おせち料理を運ぶの手伝って！」台所からのお母さんの声に、はるちゃんは、はりきります。1人分ずつ盛り分けられたおせち料理のお皿を台所から運びます。お皿を見ると、はるちゃんはとてもウキウキします。なぜって、お皿の上にはかざり切りしたみかんがのっているからです。このみかんを見るだけでとても幸福で、食べるのももったいないと思ってしまうのです。

料理が並び、家族そろって新年のあいさつ、「おめでとう。みんなこの1年元気で、よろしく」おじいちゃん、お父さんがあいさつをします。

さあ、いよいよおせち料理を食べる時です。はるちゃんは、おせち料理が大好きです。紅白のかまぼこ、甘い伊達巻き、イカの細切りも入った数の子、八つ頭、黒豆、お煮しめ、おばあちゃんが暮れにほうろくでいって作るゴマメ、これらの料理が1皿に少しずつ盛られているのを見ると、「あー、お正月は何てシアワセ（小さなはるちゃんは、実際はシヤワセとしか言えませんでした）なんだろう」と思いました。

何から何まで幸福なはるちゃんですが、ただひとつ、うれしくないものがあります。それはお雑煮。はるちゃんにとって、おもちは焼いてのりを巻いた磯辺巻きと納豆もちが正しい食べ方で、お雑煮は苦手でした。というわけで、みんながお雑煮を食べる時、はるちゃんは1人で磯辺巻きを食べてごきげんでした。

お正月中、お店屋さんはお休みになるので、おもちとおせち料理ばかり食べていましたが、あきるなどとはつゆほど思わず、満足感にひたる日々でした。

子どもといっしょに…
タローと作る給食レシピ　2月

大豆とジャコのあまからあげ

ひとくちおたより

豆まき

　2月は節分があります。節分といえば豆まきですね。豆まきの始まりについてこんな話があります。むかし鞍馬山のおくにオニが住んでいました。このオニは人びとに乱暴をするのでとてもこわがられていました。あるとき、このオニが都に暴れこもうとしました。そこで人びとはたくさんの豆をいってオニに投げ、その目をつぶして都に入るのを防いだそうです。これが豆まきの始まりと言われています。

　いまではオニはいろいろな悪いことの意味になり、それを追いはらう行事として豆まきを毎年行うようになりました。もともと節分というのは季節が変わることを表し、立春、立夏、立秋、立冬は節分の次の日のことです。

　いまは節分というと、立春の前の日のことをいいます。冬の寒さや病気、災難（いろいろな悪いことやこまること）を追いはらって新しい春をむかえようという気持ちが豆まきにはこめられています。

　このごろは、家で豆まきをすることが少なくなりましたが、元気に春がむかえられるように大きな声で「オニは外、フクは内」と豆まきをしてみるのもよいですね。

オニは外
フクは内

子どもといっしょに…
タローと作る給食レシピ　2月

かたい食べ物が苦手な子どもたちも、このメニューは大好物。歯が生えかわる1年生も一生けん命食べます。

たんぱく質とカルシウムがたっぷりとれておやつにも最適です。たくさん作ってご飯のはし休めに常備しておくのもよいでしょう。

きゅうしょくクラブ

大豆とジャコのあまからあげ

材料（4人分）

	大豆	1カップ
	かたくり粉	大さじ2
	ジャコ	50g
	油	
タレ	しょうゆ	100cc
	さとう	100g
	みりん	100cc
	白ごま	大さじ2

モグモグ　よくかんで

作り方

先に用意しておくこと

大豆は、前の晩からたっぷりの水にひたしておく。急ぐときは、そのままゆでてもよい（すこしかためにゆでる）。

1

ふやかした大豆はザルに空け、ペーパータオルなどで水気をとる。

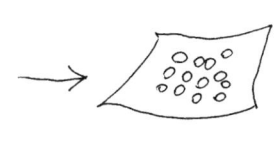

❷ 大豆にかたくり粉をまぶす。

からあげの粉をつける時もこうするといいですよ

ビニールぶくろに大豆とかたくり粉を入れ、もみもみすると、手をよごさずにまんべんなく粉をまぶせる。

❸ 油でカリッとあげる（こげやすいので火はあまり強くしない）。

ペーパータオルの上にのせ、油を切る。

❹ ジャコを油でカリッとあげる。大豆と同じように油を切る。
※網じゃくしにのせてあげると油から取り出しやすい。

小さなジャコの場合は、あげないでいためる。

❺ あまからのタレを作る。ナベに、しょうゆ、さとう、みりんを入れ、にたたせる。

しょうゆ 100cc
さとう 100g
みりん 100cc

100ccは計量カップの100のめもりのところまで入れます。
100gは、はかりのない時、大さじで11ぱい（1ぱい9g）

❻ →⑤のタレ ごま

あげた大豆とジャコを⑤のタレとからめ、白ごまをまぜる。

青のり

ごはんにまぜてもおいしいよ！

たきあがったご飯に大豆とジャコのあまからあげと青のりをまぜると、とってもおいしい豆ご飯ができます。
イワシの丸ぼしや、メザシと組み合わせると、節分の日のメニューになります。

2月 節分の夜

はるちゃん日記

「オニは外！　フクは内！」

節分の豆まきは、はるちゃんがとても好きな行事です。雨戸を開け、冷たい冬の夜に向かって、お父さんとお兄ちゃんと豆をまきます。

お父さんとお兄ちゃんは大声で「オニは外！　フクは内！」とさけびますが、はるちゃんは大声を出すのがはずかしく、小さな声で「オニは外、フクは内」と口をモゴモゴ。いつも、大きな声で力いっぱいさけんだら気持ち良いだろうなと思うのですが、その時になると、どうもできません。

部屋の中と外を交互にまいて回ります。はるちゃんは部屋の小さなスミにもこだわって、まき残していないかチェックします。タンスとタンスのせまいすき間にも「エイッ、オニは外！　フクは内！」と言いながら豆をまきます。まき残した場所があると、そこからオニやオバケが入ってくるような気がして必死でした。

豆をまき終わると、年の数だけ豆を食べます。はるちゃんは、豆はどんな豆でも大好き。特に豆まきの大豆は、コリコリ歯ごたえがあるけど、こうばしくて、とてもおいしいのです。

でも、小さいはるちゃんの年の分の豆は、アッという間に食べ終わってしまいます。この時ほど、早く大人になって、たくさん豆を食べたいと思ったことはありません。ひと粒を大事に大事にかみしめて食べました。

そんな時、おじいちゃんやおばあちゃんが自分の豆を分けてくれました。「食べすぎると、おなかをこわすからね」とお母さんに注意されながらも、モグモグ豆を食べ続けました。

豆まきの次の朝、明るい光の中に豆がたくさん落ちています。時間がたつうちに皮が割れて、シワシワになってきます。夜のやみの中では、オニを追い払う力強いパワーを持ったように思えた豆が、明るい部屋の中では、力のぬけたぬけガラのように思えました。

豆まきをするのはどういうわけか、お父さんとお兄ちゃんとはるちゃんです。おじいちゃん、おばあちゃん、お母さんがいっしょにまいた思い出がありません。家や家族を守るのは男の役目という考え方が当たり前の世の中だったのでしょうか。

そういえば今、家庭での豆まきの声は、ほとんど聞くことがなくなりました。でも毎年、節分の夜になると、あの時のお父さんとお兄ちゃんの「オニは外！　フクは内！」のたのもしい声を思い出します。

子どもといっしょに…
タローと作る給食レシピ　3月

手巻きずしバリエーション

ひとくちおたより　　おすしのはじめ

　みなさんの大好きなおすしは、もともと「酸し」、酸っぱいという意味からきた言葉です。おすしの最初は、魚や貝を塩づけにして発こう（空気の中にあるいろいろなきんが食べものについて、どくとくなかおりや味を出すこと。みそ、しょうゆ、なっとう、つけもの、チーズなどは発こう食品）させたものです。

　はじめはご飯がついていませんでした。発こうさせると、自然に酸っぱい味になり、味も良くなりくさりにくく長く日持ちがしました。平安時代のころは、作るのに2～3か月かかったそうです。しばらくすると、これにご飯を加えると早くできることがわかり、魚類を一度塩づけにし、ご飯の冷えたものといっしょに漬けておもしをして作るようになりました。このときのご飯は食べずに、魚だけをけずって食べました。ご飯も食べるようになったのは江戸時代の中ごろからです。発こうさせるのは時間がかかるので、酢を使って味をつけるようになりました。これがいまのようなおすしのはじめです。

　もっとも私たちがおすしと言っているにぎりずしができるのは江戸時代からで、はじめは押しずしでした。

　そして、押しずしは関西で、にぎりずしは江戸でそれぞれ作られるようになりました。

ヘイ　トロー丁！

子どもといっしょに…
タローと作る給食レシピ　3月

自分でのりをまいて食べる手巻きずしは子どもたちに大人気。中に巻く材料は学校給食では生ものを使えませんが、ご家庭ではいろいろ取りそろえてまいてみては。新しい味の広がりがあるかもしれません。

きゅうしょくクラブ

何をまこうかな！

手巻きずしバリエーション

材　料（4人分）	
米	2カップ
水	2カップ
酒	小さじ2
昆布	3cm
合わせ酢　米酢	大さじ3
さとう	大さじ1と1/2
塩	小さじ1

作り方

先に用意しておくこと

米をといで、昆布と酒といっしょにご飯をたく。水は少なめに（後で合わせ酢をふるため）。

①

す、さとう、しお

米酢、さとう、塩をナベに入れ、「ひとにたち」させて合わせ酢を作る。

❷

ご飯をなるべく平たい入れ物にうつし、合わせ酢をふりながらヘラでさっさと切るようにまぜる。このとき、うちわで風を送りながらまぜるとご飯につやがでる。

サッサッと捏く

切るようにまぜるとは、ヘラをスッと包丁で物を切る時みたいに動かすこと。こねくりまわすとごはんがおだんごのようになる。

❸

いろいろな具をまいてどうぞ。
具はまきやすいように細く切るとよい。

きゅうり　卵焼き　納豆　いろいろなおさしみ

マヨネーズ ＋ ツナかん ＋ きゅうりのうすぎり
→ ツナきゅうり

ハムや焼き豚

うめぼしをつぶしてけずりぶしとあえる
しょうゆをたらす
うめぼしのおかかあえ

チーズ

シソの葉、カイワレといっしょにまくとなおおいしい

のりのかわりに、サニーレタスでまいてもなかなかおいしいよ。

はるちゃん日記

3月 大切なおひな様

　3月は、はるちゃんがウキウキする月です。中でもひな祭りは大イベントです。小さなはるちゃんにとって五段かざりのおひな様は、とても段が高く、とてつもない豪華な品物に思えました。このおひな様を買った時の話をお母さんから聞くのも、とても好きでした。「お母さんとお父さんの最初の子はお兄ちゃんで、男の子だったでしょ。お母さんは、次の子は絶対女の子がほしいと思っていたの。そしたら女の子が生まれた。ひな人形を買ってあげたくて、家中のお金をかき集めて、お父さんに買っていいか聞いたの。お父さんがいいって言ったので、浅草の人形の問屋さんまで買いに行ったのよ。それがはるちゃんのおひな様」お母さんは、ひな人形をかざる時にいつも話します。お母さんの話で、はるちゃんが好きな部分は、お母さんは女の子がほしかったんだということと、浅草までひな人形を買いに行ったというところです。

　お母さんが買ってくれたひな人形は、みんなとてもいいお顔をしています。特にお内裏様のきれいなことといったら、はるちゃんは小さいながらも、このきれいさには圧倒されていました。特に男びなはりりしく、髪がひとすじ額にかかっているところが気に入っていました。

　おひな様を1年に1回かざってあげないと、箱の中で泣いているという話を聞いた時は、本当に信じました。

　ある時、家を新しく建てることになり、何ヵ月か間借りをしました。二間に荷物をおしこんで生活をしていました。ちょうどその時、3月のひな祭りの時期にかかりました。おひな様を出すどころではなく、「今年は、おひな様どうしようかしら」というお母さんのつぶやきを聞いた時、はるちゃんは一生懸命お願いをしました。「おひな様をかざってあげないと、おひな様が泣いちゃうよ。かわいそうだよ」はるちゃんの必死の説得で、おひな様をかざることになりました。

　1年ぶりにおひな様を出してかざろうとした時、大変なことに気がつきました。引っ越しのドサクサで、段をおおう緋もうせんが見当たりません。「うわー、どうしよう。おひな様がかざれないよー！」半ベソのはるちゃんを前に、お母さんが言いました。「今年は白でいきましょう」なんと、白いシーツを赤い緋もうせんの代用にしたのです。白いシーツの上にかざられたおひな様を近所のお友達が見て「何か変なの」と言うと、はるちゃんはすまして「こういうかざり方もあるの！」と言いました。はるちゃんのおひな様は、この先もずっと何十年も、毎年必ずかざられ続けています。

子どもといっしょに…
タローと作る給食レシピ　4月

新じゃがのそぼろに

ひとくちおたより

じゃがいも

　和風でも洋風でもいろいろな料理に合うじゃがいもは、世界のいろいろな国で食べられています。じゃがいものふるさとは南アメリカのペルーとボリビアにまたがるチチカカ湖のまわりです。日本には1601年インドネシアのジャカルタから長崎県平戸市に伝わりました。「じゃがいも」という名前はジャカルタからきたといわれています。じゃがいもの別名「馬鈴薯」は、その形が、馬についている鈴に似ているからという説があります。

　じゃがいもをよく食べる国はドイツで、日本でご飯を食べるように主食として食べるので、その量は日本の10倍以上だそうです。私たちが食べている部分は根ではなく、くきの大きくなったところです。

　じゃがいもにはからだの熱や力になるでんぷんのほかに、ビタミンCやカルシウムも多くふくまれるすぐれた食べものです。また食べるだけでなく、工業に使われたり、薬を作る原料になったりします。おいしいだけでなくいろいろなところで役立つ食べものですね。

子どもといっしょに…

タローと作る給食レシピ　4月

春はいろいろな野菜がお店に出回ります。新じゃがいももその1つです。じゃがいもは1年中ある食べものですが、新じゃがいもは、皮がうすくて大きさも小さく、食べるといかにもとれたばかりの味がします。切らずにまるごとにて、春の味を楽しみましょう。同じ春にとれた、にんじん、たまねぎをいっしょに入れて。

新じゃがのそぼろに

材料(4人分)

豚ひき肉	100g	新じゃがいも	400g	油	小さじ1
だしじる	100cc		(8～10こぐらい)	さとう	大さじ2
	(1/2カップ)	こおり豆腐	12こ	塩	大さじ1/2
しょうが	ひとかけ	(サイコロ状のもの)		しょうゆ	大さじ2
こんにゃく	1/2まい	たまねぎ	1こ		(少なめ)
にんじん	1/2本	さやえんどう	10さや	酒	小さじ1

作り方

① じゃがいもは、タワシなどで皮をこする。皮がうすいので、こすっただけで皮がむける。よごれをよく落とせば、皮ごと使ってもよい。

※すりばちに洗ったじゃがいもを入れ、すりこぎでガラガラこすると皮がむける。

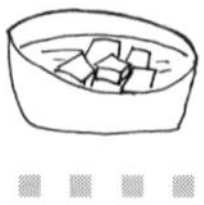

こおり豆腐はぬるま湯でもどしておく。

② 野菜の切り方

しょうが 
みじん切りにする。

にんじん 
たて半分に切る。 
ななめに切る。（乱切り） 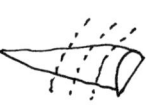
1cmぐらいの半月切りでもよい。

| たまねぎ | たて半分に切り、横半分にして、大きめにざくざく切る。 | さやえんどう | 筋をとり、にたったお湯に塩を入れ、ゆでる。 |

③

こんにゃくは、スプーンではしから一口大に切る。ふっとうしたお湯でさっとゆでる。

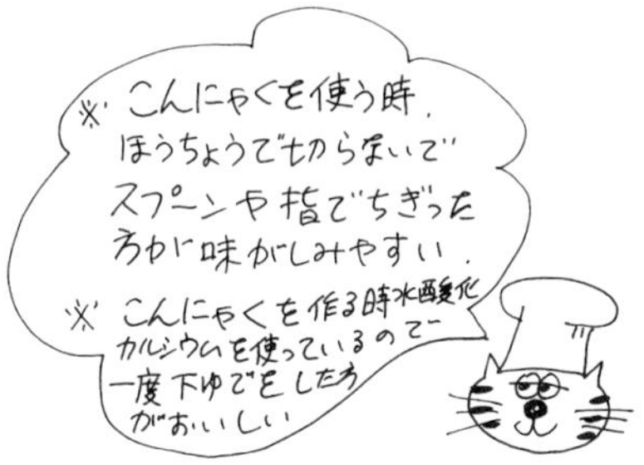

※ こんにゃくを使う時、ほうちょうで切らないでスプーンや指でちぎったほうが味がしみやすい。
※ こんにゃくを作る時水酸化カルシウムを使っているので一度下ゆでをしたほうがおいしい。

④

ナベに油を熱する。  → しょうがのみじん切りを入れていためる。  → ひき肉を入れ、いためる。酒をふり、肉のくさみをとる。  → にんじんを加え、いためる。

→ じゃがいも、こんにゃく、たまねぎ、こおり豆腐を入れ、だしじる、しょうゆ、さとう、塩を入れ、  → ふたをして中火でコトコトにる。  → じゃがいもがえたら、弱火にしてさらに10分ぐらいにる。

⑤

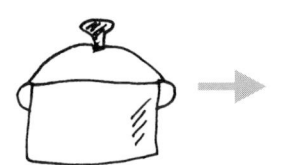

火をとめて、ふたをしたまま10分ぐらいおくと味がしみる。  → うつわに盛りつけ、ゆでたさやえんどうをのせる。

豚や牛のこまぎれで作れば、肉じゃがうま煮になるよ。

はるちゃん日記

4月 1人のお花見

　4月は、はるちゃんの生まれた月。はるちゃんの名前の「はる子」は、まさに春に生まれたところから付いた名前です。

　はるちゃんは春が大好き。春のかおりがどこからかしてきて、いろいろな花が咲き、風も気持ち良く、気分が何ともいえずワクワクしてきます。中でも、桜が咲き出すのがとても待ち遠しく、かたいつぼみのころから、いつ咲くのだろうと毎日見上げていました。

　待ち望んだ桜が咲くと、もううれしくてたまりません。今まで何ということのなかった町の風景が、桜の花によってパッと明るく華やぎます。そして、こんな所にも桜があったと感心するほど、桜の木の多さを改めて感じました。

　桜といえばお花見です。静かに花を見て過ごすお花見より、花の下で食べたり飲んだりする光景を見ると、いつもうらやましくなりました。はるちゃんの家の庭に桜の木が1本ありました。幹は細いけど、それなりに花をつけます。満開の桜を見て、はるちゃんは思いつきました。「そうだ！あの桜の下で昼ご飯を食べよう」と。お母さんにそう言うと、お母さんは面白がって、お弁当箱に昼ご飯をつめてくれました。

　桜の木の下にゴザをしいて、おままごとに使っていた小さな丸いちゃぶ台を置きました。そして、お母さんの作ってくれたお弁当を食べました。「おっ、はるちゃん、お花見かい。風流だね」おじいちゃんが言いました。だれも来ない、1人だけのお花見でしたが、はるちゃんはとてもごきげんでした。

　風が吹いて花ビラが散り、お弁当の中に入りました。その花ビラを外に出すのがもったいなく、ずっとお弁当のご飯にはりつけておきました。

　ウラウラと暖かい昼下がり、桜の花の下で食べるお弁当は、いつもの昼ご飯よりずっとずっとおいしく思えました。

　色とりどりのチューリップや、かわいらしいスミレ、タンポポなど、春の花はどれもきれいですが、桜の花はそれらの花とちがうと、はるちゃんは思います。つぼみがふくらんでから花が開くまで、こんなにも待ち遠しく、満開の花の下に立てば、なぜか胸がいっぱいになり、花ビラが風にまうのを見ると、その花ビラをからだに受けたくなる。そして花が終わるころのさびしさを、幼いながらもはるちゃんは感じています。

子どもといっしょに…
タローと作る給食レシピ　5月

中華風ちまき

ひとくちおたより

ちまき

　5月5日はこどもの日です。こどもの日の食べものといえば、「柏もち」と「ちまき」です。どちらかといえば柏もちのほうがよく食べられますが、ちまきのほうが歴史は古いです。ちまきは笹の葉で巻いたもので、細長い三角形をしています。

　ちまきは中国から伝わった食べものです。ちまきには次のような言い伝えがあります。

　その昔、中国に屈原という人がいました。そのころの中国は、いろいろな国に分かれていて屈原の住んでいた楚の国は国の中がとても乱れていました。それをなげき悲しんだ屈原は国を想うばかりに、泪羅という湖に身を投げて死んでしまいました。

　屈原の死をとても悲しんだお姉さんが、笹の葉にくるんだおもちを湖のそばにお供えしたのがちまきのはじめと言われています。

　ちまきは古くはチガヤという葉で巻かれ、その形が蛇に似ているので、これを食べると毒虫から身を守れるともされていました。中国では5月5日にちまきを親せきや親しい人びとに送りました。

　ちまきという名は、ぐるぐるとたくさん巻いて作るところから「千巻」とついたようです。

子どもといっしょに…

タローと作る給食レシピ　5月

5月5日はこどもの日、端午の節句です。ひとむかし前、こどもの日というと「柱のキズはおととしの♪」とせいくらべの歌を自然と口ずさんだものです。その中に「ちまき食べ食べ兄さんが計ってくれたせいのたけ」という歌詞があります。いまはめったに見ることがなくなった柱のキズとともになごやかな光景です。

今月は本来のちまきを食事に変えてこどもの日のごちそうに。冷めてもおいしいです。

中華風ちまき

材料（4人分）

豚ひき肉	100g	にんじん	5cm
酒	大さじ1	もち米	2カップ
ごま油	小さじ2	しょうゆ	大さじ2
干ししいたけ	2まい	水	2カップ
たけのこ	1/3本	うずらの卵	8こ
ねぎ	10cm	アルミホイル	30cm×8まい
ホールコーン	80g		

作り方

①

先に用意しておくこと

もち米は洗って1時間、水につける。

しいたけはぬるま湯につけてもどす。

豚肉に酒をふっておく。

❷ 野菜の切り方

たけのこ 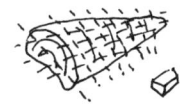
5mmぐらいの小さな四角。

ねぎ 
たて半分に切ってはしからうすく切る。

にんじん しいたけ 
5mmぐらいの小さな四角。

❸

① フライパンにごま油を熱し肉をいためる。

② 干ししいたけ、たけのこ、にんじんを入れ、さらにいためる。

③ コーン、ねぎを加えていためる。

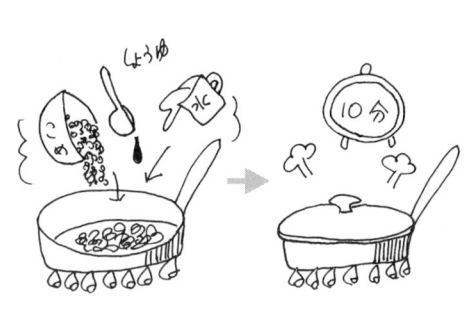

④ 米を加え、しょうゆ、水を入れて混ぜ、ふたをして少しにる（10分ぐらい）。

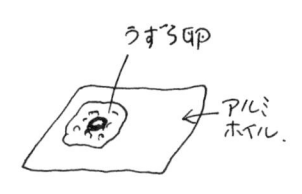

⑤ アルミホイルの長さの半分くらいに米を入れうずらの卵をのせて包む。

米をアルミホイルいっぱいに入れると、米に火が通り、ふくれた時にアルミホイルによゆうがなくなり、米が十分蒸せません。

⑥ 両はしをおってきっちりつつむ。

⑦ フォークなどで、ポツポツ、アルミホイルにあなをあける。

⑧ 蒸し器で20分くらい蒸す。蒸し器に水を入れるのをわすれずに。

⑨ アルミホイルのかわりに竹の皮や笹の葉などでつつめば、最高！中国料理では、ハスの葉につつみます。

5月 恐怖のサイクリング

はるちゃん日記

5月になると、木や草の色が、今塗ったばかりのような新しい緑色になります。外で遊ぶのがとても気持ちの良い季節です。

はるちゃんが住んでいた家の近くには、川が流れ、土手と原っぱがありました。土手にも新しい草がはえています。シロツメ草が一面に咲いて、それをつんで編み、首かざりやうで輪を作ります。首からかけると王女様になったよう。

土手の斜面は、小さいはるちゃんには結構急です。下におりるまで、階段や道がついています。でも子どもたちは、上から斜面を一気にかけおります。はるちゃんもお兄ちゃんのまねをして上からおりようとしますが、なかなか足がふみ出せません。ようやく決心をして「ソレ！」とかけおります。ダッダッダッ…足の裏に速度がついて、前へ前へとすべります。転びそうになりながら下まで走り終えると、すぐには止まらず、平たい野原をしばらく走って、やっと止まります。このまま止まらず、もう一段下のみぞに落ちたらどうしようかとドキドキしたけど、だいじょうぶでした。

かけおりるのはこわいけど、土手の上から草の上をゴロゴロ転がるのは平気です。草の上にからだを横にしてイザ出発。上からゴロンゴロン回りながら転がっていきます。自然に目はつぶってしまいます。ゴロン、ゴロン、ゴロン…天と地がひっくり返って、どっちが頭だか足だかわからなくなって、クラクラして下に着きます。フラフラして立ち上がると、転がってきた土手の斜面がとても高く見えました。

土手の上は道になっていて、川の上流から下流まで続いています。この道をひとつ下の橋まで、お父さんは、はるちゃんを乗せて、お兄ちゃんと自転車で行きました。風を受けて自転車を走らせるのはとても気持ち良さそうに見えますが、はるちゃんは気持ち良いどころか、とてもこわかったのです。

お父さんの背中にしっかりつかまって、自転車に乗っている間、「手をはなして落ちたら…」「お父さんが転んで放り出されたら…」「自転車はすごいスピードで走っていて、おなかの中まで風が吹きぬけるみたいだし、とにかくこわい！早く橋に着かないかな」と、おいのりしていました。ようやく橋に着いてホッとひと安心。それもつかの間、帰りがあります。行きと同じにハラハラドキドキのサイクリング、もう絶対乗るまいと、はるちゃんは思うのですが、しばらくすると、なぜかまた恐怖のサイクリングに付き合うのでした。

子どもといっしょに…
タローと作る給食レシピ　6月

豚(ぶた)キムチ丼(どん)

ひとくちおたより

キムチ 栄養満点(えいようまんてん)のつけもの

　キムチはみなさんがよく知(し)っている韓国(かんこく)（大韓民国(だいかんみんこく)）や北朝鮮(きたちょうせん)（朝鮮民主主義人民共和国(ちょうせんみんしゅしゅぎじんみんきょうわこく)）の代表的(だいひょうてき)なつけものです。キムチにはいろいろな種類(しゅるい)がありますが、一番(いちばん)多(おお)く作(つく)られるのは白菜(はくさい)のキムチです。白菜(はくさい)を使(つか)ったキムチでも作(つく)り方(かた)で味(あじ)がそれぞれちがいます。

　韓国(かんこく)などでは、白菜(はくさい)のとれる季節(きせつ)になると各家庭(かくかてい)でたくさんの白菜(はくさい)をキムチにします。白菜(はくさい)をあらって塩(しお)づけにし、いろいろな食(た)べものを加(くわ)えて、大(おお)きなカメにいくつもつけます。

　日本(にほん)のつけものは、塩(しお)やみそ、しょうゆ、ヌカなど調味料(ちょうみりょう)を主(おも)にしてつけるものが多(おお)いですが、キムチはいろいろな食(た)べものを入(い)れます。

　唐辛子(とうがらし)をはじめ、アミなどの魚(さかな)のしおから、タイ、ハマグリ、アワビ、タコなどのかんぶつをせん切(ぎ)りにしたもの、ねぎ、しょうが、にんにく、こんぶ、りんご、なし、栗(くり)などをいっしょにつけこみます。

　このように、たくさんの食(た)べものが入(はい)っているので、おいしい味(あじ)もでるし、栄養(えいよう)もあります。キムチはそれだけでご飯(はん)のおかずにもなりますが、キムチのおいしさを利用(りよう)してキムチを使(つか)った料理(りょうり)もたくさんあります。なべ物(もの)やいため物(もの)、チャーハン、変(か)わったところでは、納豆(なっとう)と混(ま)ぜてもおいしいです。

　このようにすばらしい食(た)べもののキムチですが、唐辛子(とうがらし)がたくさん入(はい)っているので、食(た)べすぎないようにしましょう。

子どもといっしょに…

タローと作る給食レシピ 6月

むし暑くなってくると子どもたちの食欲もガタンと落ちます。そんなときにピッタリなのが豚キムチ丼。ピリッとからいキムチが食欲をとりもどしてくれます。豚肉はつかれをとるビタミンB_1をたくさんふくんでいるので、まさに暑さに打ち勝つ料理です。

豚キムチ丼

材料（4人分）

ごま油	小さじ2	ねぎ	1と1/2本	さとう	大さじ1/2
にんにく	1かけ	白菜キムチ	200g	しょうゆ	大さじ1と1/2
しょうが	1かけ	にら	1/2束	酒	小さじ2
豚もも肉（うす切り）	200g	万能ねぎ	5本	コチュジャン	小さじ1/2
酒	小さじ2	白ごま	大さじ1		

作り方

① 先に用意しておくこと

おさけ

豚肉は5cmぐらいに切り、酒をふりかけておく。

② 野菜の切り方

にんにく・しょうが

にんにく・しょうがは、みじん切りにする。

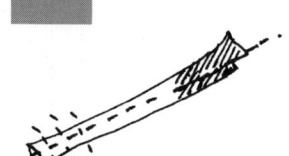

ねぎ

ねぎは、たて半分に切って、1cmぐらいに切る。

にら	万能ねぎ	白菜キムチ

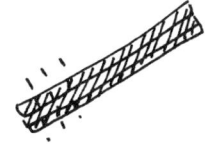

にらは2cmぐらいに切る。

万能ねぎは1cmぐらいに切る。

白菜キムチは3cmぐらいに切る（しるをしぼらなくてよい）。

③

酒、さとう、しょうゆ、コチュジャン

※コチュジャンは、韓国料理に使うからい調味料です。スーパーに売っています。使う量はほんの少しだけなので、わざわざ買わなくてもよいでしょう。そのときはキムチのしるを多めに入れます。

炒める料理は手早く作るため、調味料はあわせておく。

④

ごま油を熱して、にんにく、しょうがをいためる。豚肉を入れ手早くいためる。ねぎ、キムチを加え、いため、合わせておいた調味料を混ぜ合わせる。味をみて、からみが足りないようだったら、キムチのしるを少し足す。火を止める少し前に、にらを入れる。火を止めて万能ねぎを混ぜる。

⑤

温かいご飯の上に、豚キムチをのせてごまをふる。たくさんかけるのだったら味はうすめに。

キムチは種類によって、からさがちがいます。一度にドサッと入れないで、少しずつ使いましょう。

← 入れすぎるとこのようになります。

6月 お兄ちゃんの遠足の日

はるちゃん日記

　6月になると梅雨に入り、雨の日が多くなります。はるちゃんは、雨の日は外で遊べないので好きではありませんが、特別に雨でもうれしい時がありました。それはお兄ちゃんの小学校の遠足の日です。

　お兄ちゃんが遠足に行く時に持っていくおやつと同じものを、お母さんは必ずはるちゃんにも用意してくれました。お弁当も同じものです。遠足のお弁当は、いなりずしとのり巻き、ゆで卵でした。

　お兄ちゃんの遠足のおやつと同じものを、はるちゃんは、いつもタンスの上に登って食べました。はるちゃんはタンスの上に登るのがとても好きでした。タンスの上に登って、つんである箱の間に入って、少しずつおやつを食べました。

　遠足のおやつは何種類かのおかしでしたが、必ず入っていたのはイカを甘辛くのしたもの。はるちゃんは、このしイカが特に好きでした。指がベトベトになるけど、甘辛い味と、かんだ時のジワッと口の中に広がるイカの味が何ともいえませんでした。

　タンスの上で遠足のおやつを食べる時、はるちゃんはとても幸福だなと思いました。

　タンスからおりる時は上から一気に飛びおります。はるちゃんは自転車のスピード感はとってもこわくておく病なのに、高い所に登ったり、飛びおりるのは大好きでした。

　遠足が雨で延期になると、また遠足のおやつが食べられるので、はるちゃんは、お兄ちゃんの遠足の日の雨は好きなのです。遠足の前の日にお天気を心配しているお兄ちゃんの横で「雨が降ればまたおやつが食べられるな」と、ひそかに思っているはるちゃんです。

　お母さんのすごいところは、延期になった遠足のおやつに、前のものとちがうものを用意することです。はるちゃんは別に前のものと同じでも全くかまわないのですが、お母さんにはこだわりがあったのでしょう。でも、はるちゃんの大好きなのしイカは2回とも必ず入れてくれました。

　そして遠足の日、あいかわらずタンスの上に登って、大好きなのしイカを食べるはるちゃんです。

子どもといっしょに…
タローと作る給食レシピ　7月

きゅうしょくクラブ

五目冷やしうどん

ひとくちおたより

うどん　うどんははじめはおかしだった●●●●

　小麦粉を水や食塩水でこねて細長くしたものは、パンより古くからアジアで作られていました。これが西へ伝わったものがイタリアでマカロニやスパゲッティーになりました。日本へは中国から奈良時代に「混沌」というおかしとして伝わりました。混沌は、小麦粉を水でこねて、中にアンを入れてにたものでした。これはナベでにて熱くして食べるので「饂飩」（饂はあたたかい、飩はあんもちのこと）と呼ばれるようになりました。その後、長いめんにして食べるようになり、室町時代になってうどんというようになりました。

　室町時代には、うどんはいまと同じように小麦粉と塩・水を混ぜてこねて作りました。小麦粉から作ったものを細く切ることから「切り麦」といいました。切り麦を熱くして食べるのを「あつむぎ」、冷やして食べるのを「ひやむぎ」といいました。

　昔の人が食べていたうどんのおかしを食べてみたいですね。

どんな味だったのかな？

混沌

子どもといっしょに…

タローと作る給食レシピ　7月

暑さがきびしくなると食欲が落ちます。冷ぼうのない暑い教室では食べることは至難のわざといってもよいでしょう。そんな中で冷たいうどんはのどごしもよくツルツル入ります。いろいろな材料をのせれば一皿で栄養満点、休日の昼ご飯にぴったりです。

五目冷やしうどん

材料（4人分）

	うどん	お好みで
しる	水	400cc（2カップ）
	けずり節	ひとつかみ
	しょうゆ	50cc（1/4カップ）
	みりん	小さじ1と1/2
	さとう	小さじ2（少なめ）
	酒	小さじ1
A	きゅうり	1本
	生ワカメ	1束
	もやし	1カップ
B	干ししいたけ	2まい
	油あげ	1まい
	にんじん	1/4本
	さとう	小さじ2
	みりん	小さじ1
	酒	小さじ1
	しょうゆ	小さじ2
	焼きぶた	100g

作り方

❶

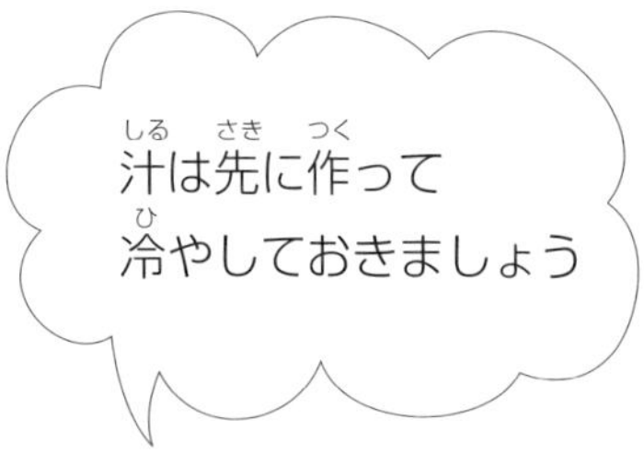

汁は先に作って冷やしておきましょう

① ナベに水を入れ、ふっとうさせる。

② けずり節を入れる。1〜2分したら火を止める。

③ けずり節が下にしずんだら、ふきんやザルなどでこす。

④ みりん、さとう、しょうゆ、酒をナベに入れて火にかける。

⑤ にたったら③のだしじるを入れる。火を止めて冷まし、冷ぞう庫で冷やす。

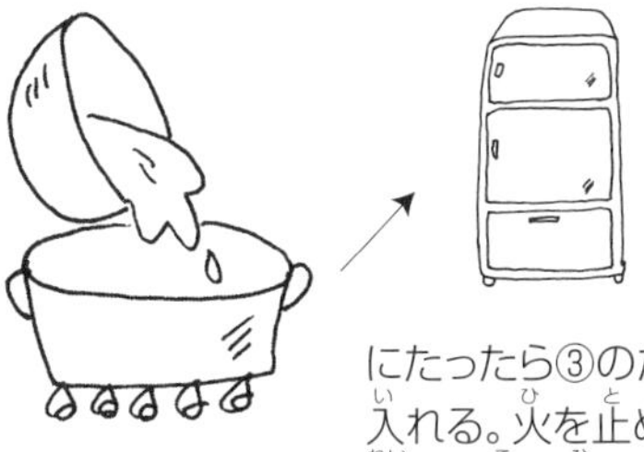

※しるをお店で買うときは、ラベルを見て「無添加」と書いてあるものを選びましょう。

❷ 材料の切り方

きゅうり　にんじん　干ししいたけ（ぬるま湯でもどし、じくをとる）　油あげ（熱湯をかける）　焼きぶた

→ それぞれ長さをそろえて細く切る。

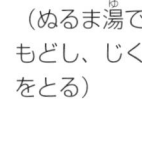

もやし　→　水からゆでてザルにとり、しょうゆを少しふって冷ます。

生ワカメ　水でよく洗う。一口大に切る。

水からゆでるとシャキッとするよ

❸

①干ししいたけ、にんじん、油あげをBのさとう、みりん、酒、しょうゆでにる。
（さとう、みりん、酒、しょうゆ）

②うどんをゆでる。

③ゆでたらザルに上げて、水によくさらす。水を切る。

④お皿に盛って、AとB、焼きぶたをきれいにかざる。冷ぞう庫で冷やしておいたしるをかける。

うどんは、お好みのものを。シコシコ歯ごたえのあるものや細いものなど、いろいろためしてね。おそばにしてもおいしいよ。上にのせる具もくふうしてみよう。たとえばハム、たまご焼きを細く切ったもの、ゆで卵、納豆、ジャコ、かまぼこ、レタス、かいわれ、ねぎ、オクラ、いんげん、山芋などなど

31

はるちゃん日記

7月 海のそばの町で

まっくろ

夏になると、はるちゃんは海に行きました。伊東にお父さんの親せきのおじさんがいて、よくそこに出かけました。

ある年の夏、お母さんはお留守番で、お父さん、お兄ちゃん、はるちゃんの3人で出かけました。伊東には汽車に乗って行きました。窓を開けて汽車は走ります。人があまり乗っていなくて、座席をアチコチ移動して動き回りました。

途中、海の見える駅で、お父さんはアイスケーキというものを買ってくれました。四角いマッチ箱のような入れ物にアイスクリームが入っていました。アイスクリームは、いつもは食べることができないので、とてもおいしかったです。

伊東駅に着き、にぎやかな通りを歩いた町中に、お医者さんをやっているおじさんの病院と家がありました。となりは映画館で、オバケの映画をやっていました。おじさんの家のおふろは温泉で、1日中、温泉がじゃ口から出てくるなんてすごいと思いました。

次の日から海岸に行きました。海岸までは少し歩きます。道の両側にはおみやげ屋さんやうき輪などを売る店が並んでいました。

海ではうき輪につかまって泳いだり、お父さんがからだを支えてくれて、波が来た時、フアッと持ち上げてくれました。

面白かったのは砂浜でお城を作ることです。波打ちぎわで砂をすくうと、指の間からボタボタと砂が落ちます。落ちたそばから砂が固まり、ボコボコと塔のようになっていきます。その固まりを何ヵ所か作るとお城のようになります。やっとできあがったと喜んだのもつかの間、波にさらわれてアッという間にこわれてしまいました。1日海にいると、つかれて、夜はアッという間にねむってしまいました。

何日目かに、となりの映画館にオバケの映画を見に行きました。映画館は小さく、イスは細長い板をわたした何人も座るものでした。カサのオバケや一つ目小ぞうが出てくる映画をやっていました。こわいところになると目をつぶり、耳をふさいでいました。

どれだけおじさんの家にいたのかよく覚えていませんが、何日か後にお母さんがやってきました。久しぶりにお母さんに会えて、はるちゃんは大はしゃぎ、とてもうれしかったです。お母さんもいっしょに海水浴に行って、楽しい夏の日を過ごしました。はるちゃんにとっては、長い長い夏の旅の日でした。

子どもといっしょに…
タローと作る給食レシピ　8月

ゼリー

ひとくちおたより　　ゼリー

　夏の暑いときに、つるんとのどを通るゼリーはおいしいですね。ゼリーはおかしの種類と思われていますが、もともとの意味はにこごり（魚や肉をにて、そのしるが冷えるとできるプルンとした半とう明のもののこと）です。

　いまではいろいろなジュースやコーヒー、ワインなどにさとうを入れてあまくし、ゼラチンを入れて固まらせたもののことをいいます。

　ゼラチンは牛や豚などの皮ふや骨などにふくまれているたんぱく質の種類で、温水にはとけ、冷えると固まります。ゼリーは温度が高いと固まらず、できあがったものを温度の高いところに置いておくと、流れてしまいます。

　ゼラチンを使った食べものには、アイスクリーム、マシュマロ、ゼリービーンズがあり、スープを固めて具の中に入れたショウロンポウなどの料理もあります。

サ・ワ・ヤ・カ

ゼリーを食べて
夏の暑さを
わすれよう。

子どもといっしょに…
タローと作る給食レシピ　8月

夏休みは子どもたちが料理にちょう戦するよい機会です。日ごろ、出来合いのおかしを食べているので、手作り品の良さを知り、次なる料理づくりのステップにしましょう。ただ混ぜ合わせるだけのお手軽ゼリーもありますが、てん加物が気になります。素材から作る本物の味を覚えるチャンスです。

ゼリー

材料（4人分）

水	200cc（1カップ）
さとう	大さじ3と1/2
粉ゼラチン	9g
みかんジュース	80cc
みかんのかんづめ	1人2〜3つぶ

作り方

① ゼラチンは、水でしめらせておく。

② ナベに水を入れてにたたせ、さとうを入れてよく混ぜる。

③ みかんジュースを入れ、粉ゼラチンを加えよく混ぜる。

ゼラチンを入れたらぐらぐらにたたせないで火を止める

④カップにかんづめのみかんを2～3つぶ入れて③を注ぐ。

⑤少し冷ましてから冷ぞう庫で冷やし固める。

ゼリーカップをバットなどに入れ水をはって冷ます→あら熱をとる

フルーツゼリー

材料（4人分）	
水	240cc
さとう	大さじ3と1/2
粉ゼラチン	9g
みかん／パイン	かんづめ　お好みで

ぶどうゼリー

材料（4人分）	
水	240cc
さとう	大さじ3と1/2
粉ゼラチン	9g
ぶどうジュース	80cc

ヨーグルトゼリー

材料（4人分）	
水	40cc
さとう	大さじ3と1/2
粉ゼラチン	9g
牛乳	120cc
ヨーグルト	80cc
生クリーム	40cc

オーロラゼリー

材料（4人分）	
水	200cc
さとう	大さじ2
粉ゼラチン	9g
カルピス	40cc
クランベリージュース	80cc
赤ワイン	4cc

給食ででるゼリーのバリエーションまだまだあります

給食のゼリーは、粉ゼラチンだけではなく、粉寒天を混ぜて使います。寒天には部屋の中の温度でも固まる性質があるので、ゼリーがとけにくくなるからです。
給食室にゼリーを固める大きな冷ぞう庫がない場合は、粉寒天を必ず使います。

寒天
- 海そうから作る
- よくにると、より固まる
- 気温が高くても固まる
- いったんとけてもまた固まる

ゼラチン
- 牛、豚などの皮ふ、骨、スジなどにふくまれるたんぱく質の種類
- 室温では固まらない
- いったんとけたら固まらない

寒天　気温が高くても固まります。

ゼラチン　気温が高いところでは固まりません。温度を高くすると固まりません。

8月 見られなかった花火

はるちゃん日記

　8月になると、家のそばの河原で花火大会があります。はるちゃんは、花火が大好きです。近くで見ると、空いっぱいに赤や青の光の輪が広がっていくさまは、何と言ってよいかわからないほどきれいです。

　シュルシュルと、細い光の線がすごいスピードで空高く上っていきます。そして、光の線と音が止まり、ひと呼吸おいて"ダーン！！"というすごい音とともに、いろいろな光の束がしずくのような形になって丸く円を作っていきます。光の輪が完成し、いっしゅん時が止まったかと思うと、音もなく、光がキラキラきらめきながらくずれて消えていきます。

　はるちゃんは花火の光の色も好きですが、あの音も好きです。間近で聞く"ダーン"という音はおなかにひびきます。あまり大きい音なので、はじめから耳をふさいで何も聞こえないようにして花火を見たけれど、何か物足りませんでした。どんなに大きくても、花火には音がなくちゃと思いました。

　さて、その年の花火大会の日も見物に行くことになり、家族みんなでしき物を持って河原に行きました。はるちゃんは「早く花火が始まらないかな」と、空を見上げて待っていました。

　まわりにだんだん人も増えてきました。今の花火大会は、どこも人が押すな押すなでラッシュアワーのようですが、はるちゃんの子どものころは、そんなに人は集まらず、ゆったりしたものでした。「まだかな、まだかな…」とはるちゃんは心待ちにしていました。

　…そして…はるちゃんがハッと気づいた時は真っ暗で、みんなが帰り支度をしていました。

　「花火は？」お母さんに聞くと、「もう終わっちゃったわよ。はる子ったら花火が始まるころにねちゃって。それにしても、あんなに大きな音がしているのに、よくねられるわね」。「えーっ！　終わっちゃったの。なんで起こしてくれなかったの」はるちゃんは半ベソをかきました。半ベソをかきながら、ある物を発見しました。アイスキャンデーの棒です。「うわー、みんなアイスキャンデーも食べたの！　ズルイ、ズルイよー！」と今度は大泣きになってしまいました。

　花火も見られず、アイスキャンデーも食べられなかったあの夏の夜のこと、はるちゃんは、ずっと覚えていました。

子どもといっしょに…
タローと作る給食レシピ　9月

月見（つきみ）だんご

ひとくちおたより　十五夜（じゅうごや）

　月見だんごといえば十五夜です。十五夜の行事は、中国から1000年くらい前に伝わりました。そのころは身分の高い人たちが月を見ながら、月の詩や歌を作り、楽器を演奏しました。江戸時代になると、この風習が人びとに広がり、おだんごやえだ豆、さといも、栗、かき、すすきなどをお供えするようになりました。十五夜は「中秋の名月」または「いも名月」といわれ、十三夜は「後の名月」または「豆名月」ともいわれています。

　お月見というとたぬきがつきものです。たぬきで有名な証誠寺では十五夜のおもしろい行事にたぬき供養というのがあります。昔、このお寺の住職が、音楽が得意で人びとに音楽を教えていたところ、付近に住むたぬきもいつのまにか音楽が好きになり、名月の夜、お寺付近に集まり、腹つづみを打っておどっていると、打ちすぎて死んでしまったということです。そこでたぬき塚を作って、中秋の名月にその供養をするようになりました。

PON PON　PON POKO RIN

Hariko

子どもといっしょに…
タローと作る給食レシピ　9月

9月は十五夜があります。今月は十五夜にちなんでおだんごです。もともとは上新粉で作りますが、給食では白玉粉で作ります。きなこをまぶしたおだんごは、みんな大好き。フルーツやシロップを入れるとフルーツ白玉になります。

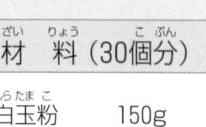

月見だんご

材料（30個分）

白玉粉	150g
水	150cc
きなこ	大さじ4
さとう	大さじ4
塩	少々

作り方

① 白玉粉に水を少しずつ加え耳たぶぐらいのやわらかさになるまでこねる。

（水を一度に入れると、やわらかすぎてベタベタになることがあるので注意）
（耳たぶのやわらかさ）

②  丸く丸めてふっとうしたお湯の中に入れる。

❸

おだんごがうき上がってきたら、1分間くらい
待って、穴あきお玉ですくって水を入れたボウ
ルにうつす。水を3回くらいかえて冷やす。冷
ぞう庫に入れるとかたくなるので注意。

❹

きなこに、さとう、塩を加えて
混ぜておだんごにまぶしてでき
あがり。

材 料	
白玉粉	100g
豆腐	100g

水の代わりに豆腐
を入れてもできます。

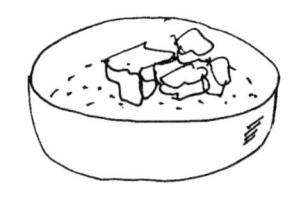

白玉粉の中に豆腐を入れ、よく
つぶしながら混ぜる。
耳たぶくらいよりやわらかくな
ったら、白玉粉を足す。

ゆでるところからは同じ。
豆腐が入るので栄養ばっちり！

9月 台風の夜

はるちゃん日記

　8月から9月にかけて、台風がよく来ます。台風はどういうわけか、夜おそく来ることが多かったように思います。

　台風が来そうだという時、お母さんはいろいろな物を用意しました。そのひとつにローソクがあります。「電気が止まってローソクの明かりになったらこわいかな」と、はるちゃんは思いました。

　お父さんも早く帰ってきました。そのころ、テレビはまだありません。ラジオを聞いて、台風がどのあたりにいるか知りました。

　台風が来ると、はるちゃんは近くの川があふれないか心配になります。はるちゃんの家は、土手からだいぶはなれているので、まずだいじょうぶだとは思いますが、映画館で見たニュースの、台風による大洪水で家が水につかり、屋根の上で人が助けを求めている場面を思い出し、そうなったらどうしようと心配です。「川の水があふれてきたら2階に逃げるのかな」「2階まで水が来たらどうしよう」「だれも助けに来てくれなかったらおぼれちゃうのかな」と、はるちゃんは川の洪水が心配です。

　だんだん風が強くなってきました。ヒューヒューうなっています。「もう台風が来たのかな、ラジオではまだ来ていないと言っているけど本当かな」と、はるちゃんは不安になります。お父さんとお母さんは、家のまわりを板で打ちつけました。雨はまだそう強くないようです。

　そのうち雨も強くなってきました。雨が吹きこんで雨もりがしてきました。「ここ」、「あそこも」。洗面器やナベなどを雨もりの場所に置きます。みんなでいろいろ動き回っているうち、はるちゃんは、つかれてねむってしまいました。

　…目が覚めると、まわりは何の音もしません。静かです。台風はどうやら行ってしまったのでしょう。戸のすき間からもれてくる光も明るいです。ところが、何やらガヤガヤ人の声がします。お父さんもお母さんも起きて、戸を開けてビックリ。家と道路の境にあったヘイがすっかりたおれています。お父さんもお母さんも前夜、くたびれてすっかりねこんでしまい、ヘイがたおれたことに気がつかなかったようです。

　はるちゃんが心配していた川も、洪水にはなりませんでした。しかし、川を見に行くと、河原一面茶色のだく流にのまれ、すごい勢いで流れていました。「この茶色の川が全部海に流れこんでいったら、海が茶色になっちゃうな」と色が変わってしまう海を想像する、はるちゃんでした。

子どもといっしょに…
タローと作る給食レシピ　10月

アップルパイ

ひとくちおたより　　りんご

　世界の国々で食べられているりんごのふるさとは中央アジアです。とても大昔の石器時代のころから食べられていました。日本に古くからあるりんごは、ワリンゴという小さなもので、中国からわたってきました。いまのような大きなりんごを作るようになったのは、1872年にアメリカから75種類のりんごのなえを輸入して増やし、1875年にその苗木を、北海道や東北、長野県などに伝えていったからです。お店にならんでいるいろいろな種類のりんごは、日本で作られたものです。

　むかしは、すっぱい味の強すぎるものや、あまみの多いりんごがありましたが、それらをあわせて、よりおいしい味のりんごが作られました。冬にたくさんできる、フジもそのようにしてできたりんごです。

　りんごには、果物にふくまれるビタミンCは、あまりありませんが、おなかの調子をよくしたり、高血圧によい果物です。

りんごを
食べて
おなかすっきり

子どもといっしょに…
タローと作る給食レシピ　10月

アップルパイ

秋はおいしい果物が出回る季節です。りんごもその1つ。りんごはそのまま食べてもおいしいのはもちろんですが、おかし、ジャム、料理にといろいろ利用できます。

生で食べるには少々歯ごたえがなくなったものでも、このようにするとおいしく食べられます。秋から冬にかけてたくさん出回るりんごを大いに楽しみましょう。

材　料（4個分）	
りんご（中くらい）	1こ
グラニュー糖	大さじ1
シナモン	少々
冷とうパイシート	4まい
ラム酒	少々
卵黄	卵1こ分

作り方

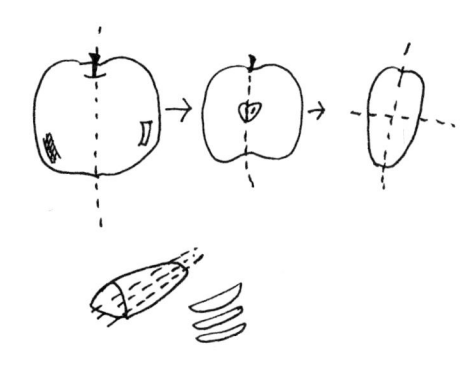

①りんごは8つ割りにして皮をむく（農薬の少ないものは皮ごとでもよい）。半分に切り、はしからザクザク切る。

②切ったりんごに、グラニュー糖、シナモン、ラム酒を混ぜ合わせる。

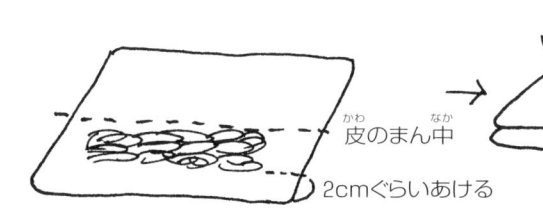

皮のまん中
2cmぐらいあける
皮をおりまげる

③冷とうパイシートを広げ、りんごをのせて包む。

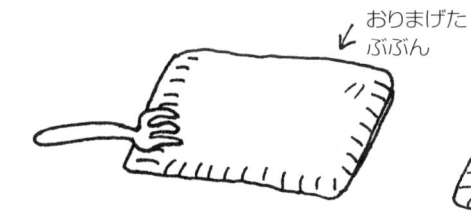

↙おりまげたぶぶん

④フォークの背の部分でパイシートの三方をおして皮同士をつける。

⑤ナイフの先で皮の真ん中をななめに切る。表面に照りをだすために卵黄をぬる。

冷とうパイシートは、あまり温まるとやわらかくなりすぎてしまいます。また、冷たくこおっていると、皮がバリッと折れてしまうので、うまく巻けません。冷とう庫から出すタイミングに気をつけましょう。

⑥オーブンで焼く。
230度で10分くらい（オーブンによってちがいます）。表面がきつね色になったらできあがり。

りんごはなんでもよいですが、紅玉など甘ずっぱいりんごのほうがおいしいです。

はるちゃん日記

10月 赤いゴムまり

おきにいり。

秋は運動会の季節です。はるちゃんは、ある時1枚の写真を見て、お母さんに聞きました。

「ねえねえ、ここに写っているのはお兄ちゃんでしょ？」その写真には、お兄ちゃんがかけっこをしている姿が写っていました。

「そうよ、お兄ちゃんが幼稚園の時の運動会の写真よ」お兄ちゃんがお寺の幼稚園に通っていた時の運動会のスナップのようです。

はるちゃんは、まだ運動会を経験したことがないので、運動会ってどんなことをするのだろう？　と不思議でした。

「運動会って何するの？」はるちゃんの質問に、お母さんはこう教えてくれました。「かけっこや、つな引き、ダンスをおどったり、玉入れなどをするのよ」「なんか、楽しそうだね」と、はるちゃん。

「そうそう、お兄ちゃんは、すごくかけっこが速いの。いつも1番なのよ」「へえー、お兄ちゃん、すごいね」はるちゃんは、お兄ちゃんがピューッと先頭を切って走っていく姿を想像しました。

「この写真の時もね、お兄ちゃん1番先頭だった。でも最後はビリになっちゃった」「えーっ、どうして1番じゃないの？」はるちゃんはがっかりしました。

「この時のかけっこはね、走っていく途中にいろいろな物が置いてあって、好きな物を取って走るんだったの。1番で走っていたお兄ちゃんは、もちろん1番最初にその場所に着いて、何を選ぼうかといろいろ見たの。後から来た人たちが、どんどん品物を選んで走って行っちゃうのに、お兄ちゃん、なかなか品物を取らなかったの。そして、やっと赤いゴムまりを手に取って走ったんだけど、ビリになっちゃったの」「お兄ちゃん、何でそんなに迷っちゃったんだろうね」。

「お母さんたちもね、お兄ちゃんがもどってきた時に、どうして迷ったのか聞いたの。そしたらね、はるちゃんにあげる物を探して、おそくなったんだって」。

お母さんの話によると、お兄ちゃんの運動会の時、はるちゃんはハシカにかかっていて、家でお留守番をしていました。そんなはるちゃんのために、お兄ちゃんは赤いゴムまりを探すのに時間がかかって、ビリになってしまったのです。

今でも遊んでいる赤いゴムまりは、お兄ちゃんが取ってきてくれたものだと知って、はるちゃんは大切にしようと思いました。

子どもといっしょに…
タローと作る給食レシピ 11月

さつまいもご飯（はん）

ひとくちおたより　　さつまいも

　秋になるとおいしいさつまいもがたくさん出回ります。いま、何気なく食べているさつまいもですが、じつは日本人にとっては命の恩人ともいえる食べものです。

　さつまいもは1597年に沖縄の宮古島に伝わりました。それが薩摩（いまの鹿児島）、長崎に伝わり、特に薩摩でよく作られたのでさつまいもと呼ばれるようになりました。

　さつまいもは他の作物がよくとれないときでもしゅうかくできるので各地に広まりました。江戸時代のききん（作物がとれなくなり、人びとが食べものにこまること）の時にさつまいもを食べてたくさんの人たちが飢えをしのぎました。第二次世界大戦の後、日本中で米が足りない時には、米の代わりに主食として食べられました。

　そういうわけで、さつまいもに日本人は助けられました。

やきいも　さつまいもごはん　てんぷら
にもの　スイートポテト　シチュー
むしパン　ふかしいも　チップス

いろいろな料理があるね

Haruko

子どもといっしょに…

タローと作る給食レシピ　11月

秋はさつまいものおいしい季節です。さつまいもはシンプルにふかしたり焼いたりするほか、天ぷら、甘露煮、スイートポテトなどいろいろな料理で楽しめます。さつまいもご飯は、なかでも子どもたちの好きなご飯料理です。

さつまいもご飯

材料（4人分）	
米	2カップ
酒	小さじ1
水	2カップ
塩	小さじ2/3
さつまいも	120g（中・半分）
白ごま	小さじ1

作り方

① 米をといで、炊飯器に米と水を入れ30分くらいおきます。

炊飯器のめもりにあわせる

❷

その間にさつまいもをよく洗い、1〜1.5㎝の四角に切ります。

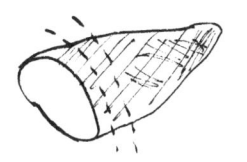

❸

①の炊飯器に、酒、塩、さつまいもを入れてサッとかき混ぜ、炊きます。

❹

炊きあがったら器に盛りつけ、白ごまを煎ったものをぱらぱらと振ります。

> さつまいもご飯、サンマの塩焼き、菊花あえ、きのこ汁などと組み合わせると、秋一色の献立になります。

秋だなー

11月 涙のロールキャベツ

はるちゃん日記

　はるちゃんのお母さんは、とてもお料理が上手。そして、もっといろいろなお料理を知ろうと、ときどき公民館で開かれる、お料理講習会に行っていました。新しいお料理を習ってくると、すぐにそれを家で作ってくれるので楽しみにしていました。

　ある日、またお母さんが新しいお料理を習ってきて、それを作ってくれました。「さあ、できたわよ」お母さんの声に、はるちゃんとお兄ちゃんは、「今度はどんな料理かな？」と期待に胸をふくらませ、お皿の中を見ました。そこには、キャベツで何かをくるりと巻いて煮た料理がのっていました。

　はるちゃんは、「なんとなくきょうの料理はあまりおいしそうじゃないな」と思いました。においもあまり好きではありません。お兄ちゃんもどうやら同じように感じた様子。でも、とりあえず食べてみようと、ひと口食べてみました。ひと口食べたとたん、煮こんだキャベツの味が広がりました。今まで経験のないような味に、はるちゃんとお兄ちゃんはそろって「おいしくない」と食べるのをやめてしまいました。

　すると、その様子を見たお母さんがおこりました。お兄ちゃんもはるちゃんも、それまで見たことのないほど、こわいお母さんでした。「もう食べなくていい！　サッサとねなさい！」と、2人ともご飯も食べずにねかされてしまいました。

　お母さんのものすごいいかりにビックリして、ほとんどご飯を食べていないのに、おなかもすかず、暗やみでお兄ちゃんとはるちゃんは、ただ、だまって布団をかぶっていました。

　はるちゃんは布団の中で、「お母ちゃん、どうしたのかな？　でも、きっとわたしたちが悪いことしたんだろうな」など、これからどうなるのか、いろいろ考えていました。

　どれくらい時間がたったでしょう。フスマが開いて、ねているお兄ちゃんとはるちゃんのそばにお母さんが来ました。おこったお母さんではなく、いつものやさしいお母さんにもどっていました。

　「さっきはごめんね。一生懸命作ったのに、2人にマズイって言われてついおこっちゃった」。お母さんの言葉に、お兄ちゃんとはるちゃんは何と言ったかは覚えていません。

　その時のお料理がロールキャベツで、それから大人になって、ロールキャベツをおいしいと思うようになってからも、あの時のお母さんの気持ちを考えると「すまないな」と心がチクッと痛みます。

子どもといっしょに…

タローと作る給食レシピ　12月

タンドリーチキン

ひとくちおたより　タンドリーチキン

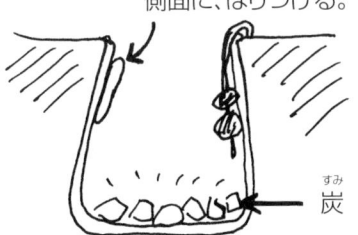

　タンドリーチキンのタンドリーは、タンドゥールという土で作ったオーブンからきた言葉です。タンドゥールは大きなつぼのような形をしています。タンドゥールはふつう土の中に首のところまでうめてあります。つぼの平らな底に木炭を熱して置き、その熱によってパンやとり肉を焼きます。みなさんも知っているインドのパン「ナン」を焼くときは、ナンの生地をタンドゥールの側面にくっつけます。ナンの生地は、その重みでダラリとたれ下がり、どくとくの形になります。

　タンドゥールを使ってタンドリーチキンを作るには、とり肉を細長い鉄の棒にさし、棒の先をタンドゥールの底へ近づけるようにさしこみます。タンドゥールの底の木炭は熱くなっていますが、ほのおは出ていません。タンドリーチキンのおいしさは、タンドゥールの中で料理された食べもののよい香りがしみこむことと、とり肉をつけこんだタレが熱い木炭の上にしたたり落ちて出るけむりです。インド料理の店に行くと、タンドゥールで料理するところを見られますから、機会があったら見てみましょう。

ナン。タンドゥールの側面に、はりつける。

タンドゥールは土の中にうめる。

炭

肉を焼くときは、こういう棒にさします

子どもといっしょに…
タローと作る給食レシピ　12月

きゅうしょくクラブ

学校給食には世界のさまざまな国の料理が登場します。今回のタンドリーチキンは、インド料理から取り入れました。初めて給食に登場するやいなや大反きょう。子どもも大人もその味のとりこになりました。給食時間が終りょうし職員室にもどってきた先生方から「レシピを教えて」の声があちらこちらであがりました。

タンドリーチキン

材　料（4人分）	
とりもも肉	4まい
にんにく	1かけら
ヨーグルト（無糖）	大さじ2
カレー粉	小さじ2／3
ケチャップ	大さじ1と1／2
ウスターソース	小さじ1より多め

作り方

① とり肉は一口くらいの大きさに切って塩、こしょう（分量外）をする。

② つけこむタレを作る。にんにくはすりおろす。

③

とり肉をタレに1時間くらいつけこむ。

ヨーグルトは肉をやわらかくします。

④

オーブンかフライパンで焼く。こげないように中火くらいで。

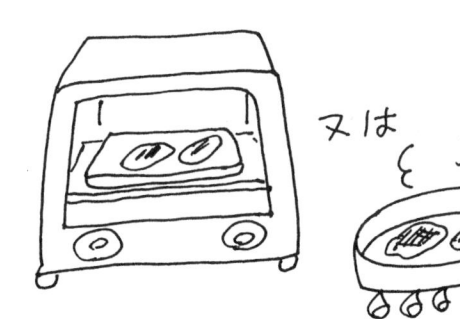

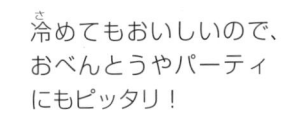

又は

⑤

冷めてもおいしいので、おべんとうやパーティにもピッタリ！

パンにはさんでもおいしいよ！

はるちゃん日記

12月 フロシキに包まれたプレゼント……

ヤッター。

　１２月はクリスマスの季節。はるちゃんの小さいころは、家では特別なことはしませんでした。はるちゃんの家はキリスト教ではないし、ほかの家でも同じようなものでした。
　クリスマスツリーもかざらないし、七面鳥の代わりのとり肉のもも焼きも食べません。クリスマスケーキは買ったかもしれませんが、そのころのケーキは、生クリームではなくバタークリームがほとんどで、はるちゃんはバタークリームが嫌いだったので、ケーキについての関心はほとんどありませんでした。
　そんな中、クリスマスの季節にお店に出回る、おかしをつめ合わせた長グツだけは、はるちゃんがとてもほしがったものでした。中のおかしは、どうでもよかったのですが、長グツの色と形がとにかく好きだったのです。
　ほかの物はどうでも、この長グツだけは必ず買ってもらいました。はるちゃんは、いつか１番大きなクリスマスの長グツを買うのだと思いました。
　サンタクロースの存在も、はるちゃんはよくわかりませんでした。でも、「お願いをすれば、だれかが何かくれるのかな」と思っていました。
　あるクリスマスの近い日、はるちゃんは、お兄ちゃんと相談しました。せっかくプレゼントをもらうのなら、ほしいものを書いてまくらもとに置いておこう。入れ物も、くつ下じゃ小さいのでフロシキにしようと。
　そしてイヴの日、それぞれほしいものを書いた紙とフロシキをまくらもとに置いてねました。
　翌朝、まだ外がうす暗い時間に目を覚ましました。起き上がってまくらもとを見る勇気がなく、ねながら手をモゾモゾ、まくらもとをさぐりました。すると、たしかに手ごたえが。起き上がって見ると、フロシキに包まれたプレゼントが置いてありました。もちろんお兄ちゃんのまくらもとにも。
　「お兄ちゃん、プレゼントがあったよ」
　はるちゃんの声にお兄ちゃんも起き上がり、早速フロシキを広げました。
　その時、何をお願いして何が入っていたのか覚えていませんが、結構、希望の物が入っていたように思います。一種類ではなく、いろいろな物が入っていました。お正月の遊びに使う物もいっしょに入っていました。
　その時は、どうしてほしいものが入っているのか不思議で、どうして伝わったのかなぞでした。